Heike Gewi & Walter Mathois

Urban Story

Japanische Kettengedichte

www.tredition.de

© 2013 Heike Gewi & Walter Mathois (i.d.R.)

Coverbild: Walter Mathois
Covergestaltung: Heike Gewi
Autoren: Heike Gewi & Walter Mathois
Vorwort: Petra Sela
Nachwort: Claudia Brefeld

Verlag: tredition GmbH, Hamburg
ISBN: 978-3-8495-0369-7
Printed in Germany

Inhaltsverzeichnis

Du lächelst – und die Welt verändert sich.
(Buddha)

Vorwort

Walter Mathois kenne ich von der Österreichischen Haiku Gesellschaft, deren Vorsitzende ich bin. Aus diesem Grund wurde ich von ihm gebeten, ein Vorwort zu schreiben. Ich bedanke mich für das große Vertrauen.

Heike Gewi und Walter Mathois erzählen im Hauptteil des Buches „kurze Geschichten" in japanischen Versformen. Den Abschluss finden die „Urban Stories" in einer Reihe von Haiku und Haiku / Senryū.

Schon beim ersten Durchlesen fällt mir der meist hintergründige, feine Humor von Walter Mathois auf, welcher in der Folge gerne von Frau Heike Gewi aufgenommen wird. Ein Ballspiel in Versen, mal länger (beim Nijûin) oder ganz kurz wie bei den themenbezogenen Rengay oder den Renhai. Diese kurzen Dichtungsformen wurden – wen überrascht es? – von einem US-Amerikaner Garry Gay (Rengay) und einem Kanadier namens Vaughn Seward (Renhai) entwickelt und entsprechen unserer heutigen schnelllebigen Zeit.

In Gedanken höre ich Tennisbälle auf-
schlagen: mal weicher, dann wieder härter –
oft gekontert, dann wieder ein Bruch, der das
Erzählte interessanter macht. Hier ein Beispiel
für einen gekonnten Schlagabtausch:

U. P. S.

der pyjama

fährt zurück

aus der buntwäsche

den „blauen brief" ziehen

Zu dem letzten Teil, der Haiku / Senryū-
Dichtung möchte ich bemerken, dass es sich
auch in diesem Abschnitt um viele humorvolle
Verse handelt, meist in „moderner" Form
(gendai haiku), selten in klassischer Form
(dentô haiku). Da wir entgegen dem Main-
stream in der Österreichischen Haiku Gesell-
schaft die klassische Form, geprägt von Imma
von Bodmershof, unserer tonangebenden
österreichischen Haiku-Dichterin, welche als
einzige deutschsprachige Autorin in ihrer Zeit

von honorigen japanischen Dichtern anerkannt worden war, bevorzugen, tue ich mich schwer mit diesen nicht nur von der Schreibweise abweichenden, sondern auch vom Inhalt her sehr „modernen" Haiku bzw. Senryū.

Allerdings genieße ich den Humor darin und die Originalität, doch an die klassische japanische Haikuform erinnert es mich weniger. Diese Aussage ist nicht als Kritik zu werten, sie spiegelt lediglich mein subjektives Empfinden beim Lesen dieser Verse wider. Ernstes, Trauriges kommt selten vor in dem Band, ungeachtet dessen, dass hinter jeder humorigen Aussage ein Fünkchen Wahrheit und Ernst steckt.

Das Buch enthält ein umfangreiches Werk, an dem Dichterin und Dichter seit dem Jahre 2008 gearbeitet haben. Sicherlich hatten sie dabei eine interessante und humorvolle Zeit. Diese kann ich auch den Lesern dieses Bandes garantieren.

Petra Sela, Wien im Jänner 2013

Nijûin – die zwanzig Verse

Pariser Cafe –
er öffnet die Tür und
Frühlingsluft tritt ein

Heike Gewi

Einkaufsmeile

einkaufsmeile
die gleichen kirschblüten
schweben zu boden

hochstand – opa entdeckt
das frühlingsdreieck

eine runde sache,
das suchen ...
osterei

quiekt der zaun?
nachbars ball lässt luft ab

weinen und lachen
nicht verlernt –
rosenmond

stechmücken – ende
der zärtlichen nacht

pumps beim lover
auch barbie muss heute
barfuß schlafen

der player leiert –
lesefehler

gekreuzte schwerter
sinken …
kaffeeplausch

red bull – unter dem reifen
zischt die dose

kurzer tag –
sein hustenbonbon kullert über
die pizza

aha! die katze war hier ...
neuschnee

ihr foto steht
am keyboard
wachskleckse

der witwer brummelt:
nur noch dornen, das spalier

eiszapfen –
die silberscheibe
aufgespießt

„ich mach kastanien beine."
kita-workshop

das märchenbuch
fest umklammert
der kleine mund formt ein „o"

konzertstress: fast jedem t-shirt
hängt die zunge

gartenkatalog –
längs der charlotten
läuft entschlackungstee

trailschuhe im test –
schneller als die erste biene

Heike Gewi: 1, 3, 5, 7 , 9, 11, 12, 14, 16, 18, 20
Walter Mathois: 2, 4, 6, 8, 10, 13, 15, 17, 19

Badehauben treiben

der rettungsschwimmer pfeift.
eine entenfamilie
kommt ans ufer.

zwischen algen
treibholz und badehauben

untertauchen
mit neuem pass –
blauäugig nun

silberfische flitzen
durch diffuses licht

rufe verhallen
über dem moor
der nebelmond

totensonntag –
seine lippen berühren das foto

zwei gedecke für
das hubertusmahl ...
er streift ihre hand

zeitlupensturz
der kleinen vom dreirad

replay –
immer wieder segnet
der papst

plattfuß!
auf dem weg nach Lourdes

einbruch
zur mittagszeit –
schlittschuhe tropfen

an der tür die schneekarte –
der mond liest mit

U. P. S. –
der pyjama
fährt zurück

aus der buntwäsche
den „blauen brief" ziehen

parfümierte zeilen –
wilder moschus gewinnt
das date

inmitten der schnittblumen
… *an admirer*

rauchverbot –
stummel verschwinden
hinter der vase

alle fenster den wogen
grüner gerste öffnen

mandelblüten
wirbeln um den
traumfänger

pfeile fliegen in richtung teich
weidenjungfern fallen

Heike Gewi: 1, 3, 5, 7, 9, 12, 14, 16, 18, 20
Walter Mathois: 2, 4, 6, 8, 10, 11, 13, 15, 17, 19

Jasminduft
der Weg, der ihn
zu ihrem Schatten macht

Heike Gewi

Weinmond

der weinmond leuchtet
aus dunklen rabenaugen ...
trockene reben

am stock marienhaar ...
großvaters runen

kerben vertiefen sich
im scheunentor –
blätter rascheln

mit der morgenpost
die seiten wechseln

bei trübem blick
nach belladonna –
die welt ist schön

brief für den sohn –
auf jeder tasse smilies

regentropfen
die scheibe runter
lakritzspuren

um bücher und beine
den roten faden ziehen

durch die ähren
treibt heißer wind ...
gänsemarsch

voll blauer tupfer
kornfeld und skizzen

schlappen –
schlossbesucher lesen
"bitte nichts berühren!"

das papstlächeln –
Galilei vor der inquisition

betretenes schweigen –
vom geputzten tannenzweig
fallen engel

fesselnder blick – sie zerbeißt
sein lebkuchenherz

es trifft mich
wieder und wieder
flockenwirbel aus dem mond

die bahn streift den rucksack ...
kalter luftzug

moderne ernährung
verändert das erbgut ...
meckert wer?

zurückgekehrt!
störche suchen nistplätze

zwischen weidenblüten
eng umschlungen
zaunpfahl und wollschal

schmelzwasser läuft in den keller
das bukett duftet

Walter Mathois: 1, 3, 5, 7, 9, 12, 14, 16, 18, 20
Heike Gewi: 2, 4, 6, 8, 10, 11, 13, 15, 17, 19

Altweibersommer
auf der Jagd nach mir
alle Farben

Heike Gewi

Colle del Gran San Bernardo

frisch gewachste schi –
vor der hütte gibt's
kräuterschnaps

Großer Sankt Bernhard – schneewolken
ziehen angebellt fort

crash –
die leere futterschale
auf dem börsenblatt

nach dem gipfelsturm
ein kreuz schlagen

mondsüchtig
wandelt der knirps
durch dürres laub

nebel steigt – neun etagen
bis zum heiratsantrag

das lebkuchenherz
schmückt ihre brust …
Leopoldifest

der meister sticht das bierfass an
"alle neune!"

mehlhäufchen –
rieseln aus
dem eichenschrank

dielen knarren
das grammophon spielt Ciribiri … bin

blaue münder
bestaunen den regenbogen …
brombeerstrauch

unter dem neumond
flattern sonnenschirme

hirten umgeben
von gefährten mit flügeln –
es blökt und gackert

nachts – andächtig
die ikone küssen

y-e-s! erschallt
über allen replies –
datingcafe

kinder jauchzen
neben der parkbank: kondome

zengarten –
endlos
harken

beim sechseläuten
graupeltöne begleiten das flügelhorn

pfingstrosen knospen
das bergbächlein
schwillt

morgenhauch – selbst am bärlauch
neue blätter

Walter Mathois: 1, 3, 5, 7, 9, 12, 14, 16, 18, 20
Heike Gewi: 2, 4, 6, 8, 10, 11, 13, 15, 17, 19

beaming at her
the old fence bends...
frosty wind

Heike Gewi

Neujahrspost

Neujahrspost –
Vom Gläserpaar perlen
Schneeflocken

Die Lederleine,
tanzend zum Böllerknall

So nah dem Grund
das Hundegesicht ...
Herrchen sitzt

Tock, tock! – am Dach
Raben

Rot-gelbe Blätter schwimmen
dem Mond
davon

Warme Küsse –
dürre Äste knacken

Laufen
durch eine rosa Welt –
Heidekörner im Herbst

Das Handy klingelt
und Harz erstarrt

Playboycover
aus dem Beet geharkt ...
reife Tomaten

Zwischen Sandburgen
blühen Blumen auf Höschen

Grüner Schaum –
Der Bambuspinsel
schlägt den Tee

Fünfzig Kerzen nähern sich
Wunschlos glücklich

Eng umschlungen
vor der Kinokasse –
"Tickets letzte Reihe?"

Dreiecksgeschichte –
Sie spielt mit der Fernbedienung

Das Buchenholz knackt
Eissterne verdecken
die Mondsichel

Omas Plätzchenrezept
nimmt Formen an – Myrrheduft

Öl tropft
Vaters zittrige Hände
starten

Spargelstechen –
Seifenblasen zerplatzen

Das Sparschwein lächelt:
Palmkätzchen
für ihre Spende

Eins, zwei, drei, vier Eckstein ...
der Briefkasten voll Blaumeisen

Heike Gewi: 1, 3, 5, 7, 9, 12, 14, 16, 18, 20
Walter Mathois: 2, 4, 6, 8, 10, 11, 13, 15, 17, 19

Bambushain –
das Nachtigalllied zerbirst
im errötenden Himmel

Heike Gewi

Scheinwerferlicht

Warmer Föhn.
Sein feuchter Flügel
flattert schwer.

Zartes Grün überrollt –
Scheinwerferlicht

"Chinatown wars".
Das Mogelblatt gleich links
neben der Maus.

Transparente liegen
am Platz des Himmlischen Friedens

Mondbeglänzte
Rosengesichter –
Knistern in den Büschen

„summer of love" … sie tanzen
zwischen Räucherstäbchen

Dein Bild.
Das bist nicht du! –
Allein

Die Pferdepisse wegspülen –
Fiaker

Ich denk an Zeiten
lange vor meiner Geburt –
Kreidefelsen

Der lange Weg nach Helgoland …
Döner Kebap

Kinderpunsch –
rote Backen unter
der Pudelmütze

Kai küsst Gerda.
Flocken wirbeln um das Plakat.

extra feucht –
zitternd wirft er
die Münze ein

Kraniche zieh'n.
Stumm ergreift sie seine Hand.

Silbersichel:
Erster Rauhreif bedeckt
die Bucheckern.

Nebelfelder – lang
und leis' das Abendläuten

Zurück von den Pyramiden.
Der Kasperl mimt
die Mumie.

Staubkind – alte Schatten
über Tränen

Stille.
Kahle Kirschzweige
blühen.

Ratschen. Klappern. Kleppern.
Unsere Welt heute!

Heike Gewi: 1, 3, 5, 7, 9, 12, 14, 16, 18, 20
Walter Mathois: 2, 4, 6, 8, 10, 11, 13, 15, 17, 19

Walter Mathois

Flimmern

flimmern –
in der schwüle beugt sich
das korn

"der Große Wagen!" ...
über den klee zum morgenhimmel

feierabend –
motten huschen
aus dem lager

die vielen füße auf dem sofa
sind meine – slideshow

weinlesefest –
der fahle mond schwimmt
durch den staubigen

türen knallen – draußen fallen blätter
kahler raum!

leises stöhnen
inmitten der annemonen
ein blauer bh

gottverdammt! kein schlüsselloch ...
nach der kneipe

kartoffelsalat
macht sich breit –
playboyschlips

kinder, garten, hund ...
fernweh

erneuter schneefall –
mutter entscheidet sich
für zuckerglasur

vom fensterglas das eis kratzen …
er will den stern

galeriebesuch –
der blitz teilt
meinungen

Fontana di Trevi
Japaner werfen münzen

mit abstand betrachtet
bringt eben jener
sie näher

ewig dein – sie drückt die
lippen ans kuvert

dämmerung –
der vogel da oben
hat seinen namen wieder

Karfreitag … alle glocken
bimmeln um drei

flieder …
jeder weg wird
bach

entlang dem rain
maikäfer sammeln

Walter Mathois: 1,3,5,7,9,12,14,16,18,20
Heike Gewi: 2,4,6,8,10,11,13,15,17,19

Ahornblätter –
das leise Rascheln ihres
roten Kimonos

Heike Gewi

Rotes Ahornblatt

im mondfleck
gelegen ...
rotes ahornblatt

das neue kastanienpferd
hinterlässt tintenspuren

worte zum erntedank
festhalten –
löschpapier

vor dem reifen – nägel
die guten freunde

krankenzimmer –
blumenköpfe werden
abgeknickt

meeting, berührt,
das knie der kollegin

love me tender ...
laternen drehn sich trotz
regenschauer

braune bäckchen und ...
die schokoglasur tropft

"... vereiste straßen"
langsam salz streuen
auf das frühstücksei

rutschen –
zwei bengels übern see

Josephinum
vorsichtig die leber
abstauben

ein musikstudent liest
münzen aus seinem hut

„bitte viag …"
buben grinsen den
apotheker an

dieser weiße stein, diesen rosenkranz …
Sacré-Coeur

Büscheliwoche –
trommler kommen
nach dem vollmond

ihre runen werden bleicher
vergilbte bücher

wehende muscheln –
rohöl durchdringt
mangrovenwälder

junges grün
trotzt der müllhalde

osterbrunch –
narzissen verdecken
zahnstocher

beim empfang in Toronto
schmetterlinge

Heike Gewi: 1,3,5,7,9,12,14,16,18,20
Walter Mathois: 2,4,6,8,10,11,13,15,17,19

weam
2009

Walter Mathois

Julklapp

"Julklapp, Julklapp!"
Zum Abspecken für den Vers
ist es zu spät.

Tannenbäume –
Fenstersturz und Lachen

Jede volle Stunde
erscheinen die Apostel ...
Prager Zeitgeist

Sie lassen sich abschleppen
... Mädchen mit Lada

Mein Spiegelbild
in andrem Licht –
Engelmond

Lukastag – gut genug,
zwischen Erdäpfeln zu knutschen

An der Friedhofsmauer
gurren Tauben –
Grabbesuch?

Zwanzig Zipfelmützen
tauschen ihre Pokemons

Elternforum –
Ich lade den Brief
der Zahnfee runter

Beim Torfstechen –
dort steckt das Püppchen

Strandgeschrei:
Kaltes Wasser kommt
aus der Dusche

Heuduft
... unterm Mond liegend

Legoland
das Büblein krabbelt
ins Plastikhaus

Regungslos vor Ledas Bild ...
Schwan sein

Theatercafé –
sein Sahneherz ziert
ihren Busen

Den Regenschirm aufspannen
Motiv: Afrika

Donnerwetter!
Die Kakerlake meidet
Käsekuchen

Mutters grünen Salat
picken die Amseln an

Christi Himmelfahrt –
beschwipste Väter wässern
Tulpenbeete

Schwarze Erde birgt mein Gedicht ...
Samen säen

Heike Gewi: 1,3,5,7,9,12,14,16,18,20
Walter Mathois: 2,4,6,8,10,11,13,15,17,19

Schluss gemacht

das Happy Meal

wird kalt

Heike Gewi

Feuerwerk

der zinnsoldat schmilzt
vor dem feuerwerk
walzer tanzen

auf leisen sohlen kommt er –
erster tag des tigers

zehn kreuze
am kalender – Kocarina
im Goldsaal

die obststiege kracht!
Newtons geburtstag

es ist sein mond, der
des lahmen – nebelschwaden
verdichten den weg

schluchzende begegnung …
regen über rotem laub

kastanien –
zärtlich beim kind
beulen streicheln

klebeband hält sie zusammen
elternfoto

relief inmitten
reifenden kornes
mal dieses, mal jenes paar

vertrieben von heißen mauern
barfüßig

Plaza Mayor
münzeinwurf –
die silberfigur erwacht

Dracula? kopfschütteln
eines Siebenbürgers

tagtraum
gemeinsam ins niemandsland
tanzen

flecken unter der decke
verschämtes stubenmädchen

mondlicht fällt
zwischen steg und boot ...
erster frost

eisbaden – honorige herren
verschieben schollen

augen,
weit geöffnet
... nichts zu sehen

maiwolken –
würmer suchen das weite

apfelblüten –
erinnerungen
fliegen herein

nektarsuche
ringel, ringel, reihe ...

Walter Mathois: 1,3,5,7,9,12,14,16,18,20
Heike Gewi: 2,4,6,8,10,11,13,15,17,19

Shisan – die zwölf Verse

Haselnusszweige

goldenes brautpaar –
für das foto gibt sie ihm
rückendeckung

narzissenknospen
spiegeln sich im tau

von völkern
umschwärmt –
haselnusszweige

die luft flimmert
über dem asphalt

am straßenrand
ein anhalter
schnell die lippen nachziehen

diese perlenkette ...
plastik vor falten!

zapfenmännchen
purzeln aus der brottasche –
heimgekehrt

drachen steigen
wind zerreißt den sichelmond

familiensupper –
die zigaretten danach
weniger schweigsam

rouge ziert
seinen nadelstreif

wellen
schlagen hoch –
knutschflecke

im schneehaufen
gefrieren puppenbeine

Heike Gewi: 1, 3, 5, 7, 9, 11
Walter Mathois: 2, 4, 6, 8, 10, 12

Nacktschnecken

nacktschnecken –
im bikini eisbergsalat
ernten

die leute lachen – ich schreibe haiku
was ist kunst?

dieser wickeltisch!
mein altes physikheft
wirkt wunder

der himmel tagt –
gebeugte ähren

staubiger wein
und kein vollmond
stört seinen schlaf

Carbonara ...
sie zeigt's ihm

eines knaben traum:
die erste rose
am kranz

stille kälte
er küsst das kreuz

wieder bin ich kind
zwischen duftenden tannen ...
Hiligabend

des facebookers augen tränen
„jungchen, komm essen"

pflaumenblüten –
zartes flattern
über lautensaiten

föhn schmilzt die arme
gleiten vom besenstil

Walter Mathois: 1, 3, 5, 8, 10, 12
Heike Gewi: 2, 4, 6, 7, 9, 11

Die kleine Kapelle

Gott scheint fern.
Um die kleine Kapelle
tanzen die Blätter.

Vor dem Vollmond
wackelt eine Kürbisfratze.

Er lacht ganz leise,
sie nicht zu wecken –
ruhende Hände

Zwei Lippenpaare
schmücken sein Gesicht

Totenstein ...
dein leeres
Kissen

Ruhig stellen – die Zunge
klebt am Eiszapfen

Angekettet –
das reifenlose
Fahrrad

Seidelbast blüht.
Bin – rastend unterwegs.

Mittagsläuten?
Viecher traben
auf die Alm.

Still, Amsel!
Der Tag war lang genug.

Wieder Erbssuppe!?
Zahnloses Murmeln
in der Reihe.

Gebirgsgrat – Ruderschläge
zerstören das Bild

Heike Gewi: 1, 3, 5, 8, 10, 12
Walter Mathois: 2, 4, 6, 7, 9, 11

Eis am Stiel

gepackter koffer –
ihr blumentopf
streift seinen kopf

trauer:
frieden in fremden beeten

eis am stiel –
aus dem schneehaufen
ragt der rechen

wiegend den bleichen sternenglanz;
ich atme bloß

meine enkelin
gibt den kuss weiter ...
gänseblümchen

frühlingsregen – wie hat sich doch
die welt verändert!

ach, silberstreif,
der glutball
blendet

höllenlärm und weißer rauch;
opas moped steht

bitteres kraut wächst
an jedem fleck, den ich geliebt –
abschied

zum heckselkrach – kürbis war's,
der durch die äste flog

mondlicht –
es tropft vom ruder
auf gelbe wipfel

fernes bellen – vor der bank
liegt eine leine

Walter Mathois: 1, 3, 5, 8, 10, 12
Heike Gewi: 2, 4, 6, 7, 9, 11

Yotsumono – die vier Verse

Austrieb

Karfreitag –
Zwiebeln treiben Tulpen
aus der Erde

Eine Antwort auf's Leiden ...
Klappern in der Küche

Zischen –
das Serum
stehlen

Schweigen: Mädchen schöpfen
Wasser gegen den Strom

Walter Mathois : 1, 3
Heike Gewi : 2, 4

Hairitt

Mittags im Pool
den Hai reiten –
Schwimmlektion

tapfer schlucken ...
Welle für Welle

Wechselstrom –
das Brummen stört die
Liebenden

Kleine Sieger springen vom Bett
Lichtschwerter strahlen

Walter Mathois : 1, 3
Heike Gewi   : 2, 4

weəM
2009

Walter Mathois

Schrotkugeln

Stoppelfeld –
ein Reh tritt aus
dem Mond

Preiselbeeren
im Ragout die Schrotkugel

Zinnsoldaten
marschieren auf –
rote Röcke malen

Des Kaisers neue Kleider ...
wieder schnarcht das Märchenbuch

Heike Gewi   : 1, 3
Walter Mathois: 2, 4

Nussknacker

Oma hält im
Putzrausch inne. Zwei Zähne fehlen
dem Nussknacker.

Reifenwechsel – Schneeflocken
füllen das grobe Profil

halb leere Gläser ...
Zeit zu sagen, dass sie
von allem genug hat

Neunzig! – Mondlicht fällt
auf seine Tangoschuhe

Heike Gewi   : 1, 3
Walter Mathois: 2, 4

Goldrot im Nebel

Goldrot
im Nebel glüht die Sonne –
Neujahr

Ein Wandkalender
flattert auf der Müllhalde

Catadores
machen Kunst
... Überleben

Listige Blicke – Knaller
in den Postkasten stecken

Heike Gewi   : 1, 3
Walter Mathois: 2, 4

Mitsumono – die drei Verse

Ännchen

Kirschzweige blühen
am warmen Ofen
erklingt Ännchen von Tharau

Unterm Weihnachtsstern:
" 's wird ein gutes Jahr! "

Mit einem Seufzer
wendet sich das Blatt
im Bastei-Roman

Heike Gewi

Herbstlicht

Herbstlicht –
zwischen schwankenden Bäumen
den Weg finden

Kopf an Kopf
begegnen sich Schatten

verschwommen
der Blick
im See

Heike Gewi

Laternenlicht
alle gefall'nen Blüten bleiben

im Dunkel

Heike Gewi

Hochspannung

hochspannung
am koppelzaun
ein radler trinkt milch

die kuh hebt ab
im ballon herrscht platzangst

verdrängt –
auf dem foto
sein halbes lachen

Heike Gewi

tief im ton

tief im ton die Schlacht
bei Mollwitz ...
schneetreiben

husaren stürmen
ohne rahmen

kaminschein –
ein engel
flattert

Heike Gewi

Sherazad

Untertauchen.
Eine neue Sherazad
tritt ins Frauenhaus.

Ihrer Geschichte lauschend,
rollt der Stift vom Tisch.

Reißwolf ...
angestrahlt
vom Kältemond

Heike Gewi

Partyspiel

Wind stößt ihn
zurück
der freie Kopf

Klingelsturm –
die Hutablage bleibt leer

beim Partyspiel
Gelächter ...
ein neues Renga

Heike Gewi

Testament

Auf der Parkbank
ihr Flüstern in beiden Ohren.
Espen zittern.

Jenen Wurm unterm Blatt
übersehen – Heimweg

Still das Testament
geändert – Restsüße
des Apfels

Heike Gewi

Schwäne

Schwäne durchziehen
das Schweigen des Sees
Stolz von Brotkrumen leben

Regentropfen füllen
die gebende Hand

Unter der Hutkrempe
trockenes Lachen –
wie Herbstzeitlose blühn

Heike Gewi

weaM
2009

Walter Mathois

Tumult

tumult!
im dorfteich
pritschelt ein erpel

warme herbstfarben …
seine federn schillern

die kürbisfratzen
auf der karte –
tintenkleckse

Walter Mathois

Fern gackern Hühner

mohnblüten –
ihr samen fällt
auf trockenen boden

eine opiumpfeife zittert
in der hageren hand

durch die gasse
weht kalte asche
fern gackern hühner

Walter Mathois

Rengay – die sechs Verse

Streusalz

streusalz
auf der wollsocke
kleben eisperlen

karibiksand
bedeckt den nagellack

am abendblatt
die blauen zehen
reiben

Samba –
pumps gleiten
übers parkett

mit der schnapsflasche
durch den frost wirbeln

Dom ... Rep ...
des schneemanns nase:
ein reisefolder

Walter Mathois

Die Mauer

neunter november
" ... ab sofort, unverzüglich!"
nähert sich ein tief

graffitis raushacken –
grauer beton

leichtes schaben –
diese uniformjacke
an seinem hals

ihm gegenüber:
achtzig menschen
"geht nach hause"

gruppen drängen
gegen eisengitter

sperranlagen fallen ...
ein mauertanz
in dieser donnerstagnacht

Walter Mathois

Aden vor dem Frühling

Der Mond färbt sich rot ...
jemandes Auge
bricht

Die alte Straßenlaterne
streift ein Schuss

Sirenen tönen –
überfahren,
die weiße Taube

Ein Flüchtling
aus Somalia mischt sich
in den Protest

Wiederholtes Bekenntnis –
auf dem Rücken die Toten

Mandelblüten.
Vor dem Frühling
gefallen ...

Heike Gewi

Frühjahrssolo

Mit dem Bauern
auf's Feld hinaus..
Lumpensack und Stock

Am Teich das Köpfewiegen ...
Kibitzblumen

Wenn jemand kommt,
lass' die Fetzen fliegen –
Vogelscheuche

Ein Spatz
sitzt auf ihrem Arm.
Ob er das Kleid kennt?

Oben wie unten – Schafe!
... den Hang hinauf

Unterm Lupenglas
der Genbauer:
"Gott, de Kieh werrn jeck!"

Heike Gewi

Der Angler

der Angler
zieht eine Wolke heran ...
Wind kommt auf

zwischen Baumwipfel Fische,
aufgelöst im Pfeifenrauch

Schilf neigt sich
dem Ende
des Sees

vom Schattenzweig
besetzt ...
der Hocker

Mutters Kaffee schmeckt,
den Schwimmer im Auge

Neuigkeiten
wehen zerlesen
dem Aufbruch davon

Heike Gewi

Zeitmaschine
unter wilden Blumen
ich, das Kind

Heike Gewi

Safrangelb

Er sieht sie an
und zeichnet weiche Linien ...
gebeugte Ähren

safrangelb
verlassen Mönche den Dunst

Standhaft, die schlanke
Dichternarzisse!
... im Morgentau

der Einladung zum Tee
folgt man gern –
monddurchfluteter Fleck

vertrocknete Gräser:
Voran – bis zu den Ärmeln nass

Herabgefallne
Ginkoblätter – Wer rollte ihn,
den Apfel, her?

Heike Gewi

drei rote kirschen

verschämte blicke
in der u-bahn –
hosenstall offen

nachrichten heute
mehr ein cover

papier raschelt
der pudel
versteckt sich

vor der eigenen haustür:
die junge frau
ist beim frisör!

neben der schachtel "mittelblond"
schimmelt Gorki

an der ecke stehn
die walzen – jackpot!
drei rote kirschen

Walter Mathois: 1, 3, 5
Heike Gewi: 2, 4, 6

Vor dem Regenbogen

Ihr Lächeln
Am Türpfosten
Tanzen Sterne

Leuchten
Nach Mohnblüten – Donner

Geteilter Himmel
Überm alten Schlagbaum
Ein Wolkenbruch

Regenfälle –
In der Pfütze landen
Hundeohren

Unkenruf ...
Den Teich entlang!

Moosteppich
Vor dem Regenbogen
Sein Dreitagebart

Heike Gewi: 1, 3, 5
Walter Mathois: 2, 4, 6

Federfluss

Den Kopf
voll Ungesagtem ...
Qiu Yings Schmetterling

Nebel in der Straße –
Brotgeruch

Im Dunst
zerlauscht ...
Waldstille

Tropfen fallen
in einen Weidenkorb –
Äste knacken

Ein Zug rollt aus dem Mond –
Seitensprung

Falter ruhen
auf dem Gleiskörper
Apfelblüten

Heike Gewi: 1, 3, 5
Walter Mathois: 2, 4, 6

Wolkenspalt

Wellenschlag –
die Gondeltreppe
tönt im Lied

„O sol …" vom Strohhut
tropft Taubenschiss

Der Mond
bricht aus –
Wolkenspalt

Geranien fangen
das blasse Licht
scheint durchs Fenster

Wiesenflucht –
der Bach stürzt

Tränen rollen
Am Display steht
Akku leer

Heike Gewi: 1, 3, 5
Walter Mathois: 2, 4, 6

Später Mond

Alles wandelbar.
Die Geburt ernährt den Tod.
"Wasche dein Geschirr!"

Im Tal meiner Träume
jähes Welken.

Blätter flattern
unter Zweigen
rinnt Tee

Durch den Plauderfluss
Licht sehen –
später Mond

Sprechblasen:
Schlamm bedeckt Moby Dick

Kennst du mich noch?
Wir werden alt und kühl ...
dem Winter entgegen

Walter Mathois: 1, 3, 5
Heike Gewi: 2, 4, 6

kapern

vierzig-grad-wäsche –
ein heideröschen schaut aus
der radlerhose

wolkenflucht – den dingen
ihren lauf lassen

tropfen platschen
auf den einband:
wo ist der schirm?

"das krichste in'n jriff
middem jung'n!", meint die oma –
sie formt fleischbällchen

kapern – das glas mit den beeren
ist verschwunden

heimatlos
mein freund
der wind

Walter Mathois: 1, 3, 5
Heike Gewi: 2, 4, 6

Das Opferfest

Abraham –
der bettler greift
nach dem fleisch

sie rümpft die nase ...
schlechte angebote

aus der tonne
modrige datteln –
drei katzen verjagt

zunehmender mond:
über dem reißverschluss
heftstiche

ein rabe zupft
am schwarzen t-shirt

"der werfe den ersten stein ..."
im Minatal
werfen alle

Walter Mathois: 1, 3, 5
Heike Gewi: 2, 4, 6

Urban Story

platzregen –
zerzauste krähen zittern am
lattenzaun

bang verschleiert gen nord
panzerspuren

sandsturm –
palmblätter flattern übern
parkplatz

gut und schlecht
mit füßen treten ...
morgenzeitung

vorm kundentrennstab
die pfütze erdbeereis

mama, dein chef
ist ja ein Chinese!
vom kuchen fallen krümel ...

Walter Mathois: 1, 3, 5
Heike Gewi: 2, 4, 6

Nebelhörner

Hamburg –
mit Schweißperlen
in die "Ritze"

Endlich Ebbe! Händchen platschen
auf den Wattwurmhaufen

Er sucht für sie
nach poetischen Perlen. Der Hut
lichtgeflutet.

Vollrasur –
Sutras murmeln und
einschlafen

Tempelklang ...
sein Wandel zum weißen Kranich

Nebelhörner tönen
Kanalratten fressen
Glasnudeln

Heike Gewi: 1, 3, 5
Walter Mathois: 2, 4, 6

Wolken schweben
versteckt am nackten Baum
etwas Ruhe

Heike Gewi

Das Lied der Grille

fata morgana
ein haiku löst sich auf
im sand, lieber freund

vollkommen unterm regenbogen
seine Eva

paradiesvögel balzen –
aus dem radio
cooler jazz

herzen und namen
in den himmel geschrieben –
sieh, wie blau er ist!

ölgestank – vor dem
hangar spielen kinder

die offene tür
zwischen ihnen …
das lied der grille

Walter Mathois: 1, 3, 5
Heike Gewi: 2, 4, 6

Ein Stück Himmel

Marienbilder
in jeder Nische
ein Stück Himmel

Santiago – vier Blasen
und hundert Kilometer

Sein Figurcoach rät
zu mehr Bewegung – Er geht
kauft Früchtewürfel

"Mit sofortiger Wirkung ... "
Modells stehn Schlange
vor dem Mobilklo

Donnerwolken jagen mir nach
Das Gnu tut verwundert

Heiter –
der Herrenschirm hängt am
Haken

Heike Gewi: 1, 3, 5
Walter Mathois: 2, 4, 6

Renhai – die drei Verse

Schmelzwasser

nebel
hinter glas
lächeln

pfützen sammeln gesichter
hunde beschnuppern schmelzwasser

leere beete
im fensterrahmen
über patchwork grübeln

Walter Mathois: 1, 2b
Heike Gewi   : 2a, 3

Neues Kalenderblatt

schokolade
und rosen –
sie lächelt zurück

haselnussbäume erblühn
wieso all das summen?

neues kalenderblatt –
mein sohn malt Mona Lisa
'nen schnurrbart

Walter Mathois: 1, 2b
Heike Gewi   : 2a, 3

Eine Made

Bambushainschatten
gehüllt in Allegorien
die Sieben Weisen

Glasnudeln und 'ne Made …
der Samen schießt langsam

Donner rollt heran
im Kinderwagen Mengen
an Fencheltee

Heike Gewi   : 1, 2b
Walter Mathois: 2a, 3

Affentempel

Drei Tropfen fallen
Aus der Quelle
Perlen der Weisheit

Buddha lacht. Und Affen springen
… hinein in den Knospenmond

Mönche erhellen
Das Tempelinn're endlos
Entflammte Augen

Heike Gewi   : 1, 2b
Walter Mathois: 2a, 3

Summen

Summen
Vom Pflaumenbaum
Süßes

Erstklässler feuern Schnecken an
Nun glänzt der Pfad

Die Wand mondbeschienen.
Selbst ihr schwang'rer Schatten
Isst saure Gurken.

Walter Mathois: 1, 2b
Heike Gewi   : 2a, 3

Schwerkraft

Mein Kaffee?! – Dein Kaffee!
Fliegende Tassen beweisen
nur Schwerkraft

Ein Ahornblatt klebt am Hut.
Das Eichhörnchen flitzt weg.

Staub
und Steinnüsse fallen –
Wäscheladl

Heike Gewi   : 1, 2b
Walter Mathois: 2a, 3

weƏM
2009

Walter Mathois

Zerstreuter Mond

Um Mitternacht
knackt Omas Ofen
… die Balken

den zerstreuten Mond erschnüffeln
Schatten im Schnee ein Wolf

Windstille …
Scherben zählen und
das Kleingeld

Walter Mathois: 1, 2b
Heike Gewi   : 2a, 3

Ihr Blues

Sein Wendepunkt
die Straßenecke …
winkende Weiden

Dieser Bass – ihr bebender Blues
Lichter im Winternebel

Lipgloss
tanzende rote Früchte
durch Mondflecken

Heike Gewi   : 1, 2b
Walter Mathois: 2a, 3

Kälteeinzug

Ihr Gesicht
überschattet von
Rechnungen

Tannen knarren laut
Ein Hund bellt Schneeflocken an

das Müsli
wortlos hingestellt ...
die Tür schlägt zu

Heike Gewi   : 1, 2b
Walter Mathois: 2a, 3

Tan-Renga Ober- und Unterstollen

in ihren karten ...
die herzdame
singt

das klavier begleitet
vom vollmond

hg/wm

Vogelgezwitscher –
nach dem Schatten
die Stille

Was wäre, wenn
die Sonne finster bliebe?

wm/hg

Die Burka streift
entlang der Lehmwand
laufen Hühner

Neugier auf dem Weg
Ilbblüten

wm/hg

Aus den Dünen
steigen …
der Mond und ich

Dung knistert im Feuer
brodelt Wasser

hg/wm

Feuer zum Kochen –
Sie balanciert
an Akazien vorbei

Dornen
und traurige Augen

hg/wm

zahnloser mund
an der zuckerwatte klebt
buddhas lächeln

vom zweig tropft eis
in opas kragen

wm/hg

flieg – ruf ich – flieg doch
die weiße taube zieht
sich verstört zurück

eine flaumfeder schwebt
zu boden

hg/wm

Flötentöne –
auf Eselsrücken
zur Beschneidung

Unter Tränen singt Mutter
Illal-lah

wm/hg

stare spotten
aus zweigen
fällt vogeldreck

atemlos
am busbahnhof

wm/hg

Schirmflieger schweben
über Futterwiesen
lange Debatten

auf weißem Papier
ein halbes Herz

wm/hg

Der Falke
bringt das Beutestück –
Mokkaduft

Die Lederhaube
liegt im Sand

hg/wm

Little Boy –
am bodennullpunkt
wächst ein pilz

schatten sinken
in die wand

wm/hg

weəm
2009

Walter Mathois

Verwirrte Halme
begleiten den Himmel:
Neujahrsmorgen

Beschwipste Gesellen
kreuzen Krähenspuren

hg/wm

Seufzer
über seiner Asche –
Weihnachtsbaum

Aus den Scherben
strahlt ein Engel

hg/wm

mit allen
Sinnen genießen –
Wasserfall

Japaner blitzen
durch das Tosen

hg/wm

ein Schrei
das Oberteil
fällt ab

zwischen Höckern ein Hügel
mit Mangogeschmack

wm/hg

Sommerwiese
voranschreitend
bis zu den Knien nass

Föhn trocknet seine
Hand malt den Untergang

hg/wm

Wasserpfeifen –
Ringe lösen sich
von ihrem Gespräch

seine knorrigen Hände
glätten den Teppich

wm/hg

ein schweif
berührt die sichel
und verfliegt …

weiße federn bleiben zurück
tintenfleck

wm/hg

tagetes –
die schulnachricht schwebt
übers beet

in latein vergessen
beugung von lieben

wm/hg

Containerangeln –
Die Männer finden
Ein bemanntes Schiff

Fischer tauchen
Aufbruch der Perlen

wm/hg

a, b, c
mit der hühnersuppe
lernen

oma ärgert sich
kein -m- in der tüte

wm/hg

Welk, das leicht Gepflückte
der Dichter geht
neue Wege

Den Bleistift abnagen …
Vorgeschmack auf ein Gedicht

hg/wm

Gestehe!
Barfüßig in Pfützen
gestanden ...

Regen versteckt
seine Tränen

hg/wm

eisig
seine schalfransen
im bart

erleuchtet …
das schild des frisörs

wm/hg

Tanka – die fünf Zeilen

die hand
streift ihre hüfte
zittert
sein lächeln – eine …
entschuldigung?

ein regen-
bogen verbindet die
berggipfel
im tal – tränen
trennen das paar

der rabe
schreitet übers
fensterbrett
die alte hand zittert
ein zahnloses lächeln

Walter Mathois

rosenblätter
wehen entlang
der weinstöcke
gärgas im g'wölb
die kerze erlischt

mädchen weinen
vor seiner gruft – und der
sänger lächelt
grabstein mit moos
im murmeln der alten

Walter Mathois

Haiku und Senryū

Ein Hund
stellt sich gegen das Licht –
des Tages Ende

Mittagsruhe –
das Rauschen der Zeit
durch die Wipfel

weißer Flieder
im Fahrtwind des Zuges
die rostende Wanne

Heike Gewi

psst, die kröte
lauert auf den falter ...
tiere!

Silberpappelblätter –
des Wassers leichte Kreise

blätter fallen
in den nebel hinein
schattenlose

Heike Gewi

Auf weißer Leinwand
gewöhnt sich der Pinsel an Kaffee –
Herbstdisteln

glatteis – sie streut
aufregung unter die hühner

Knistern
nachdem das Lodern stirbt –
Neujahr

Heike Gewi

Flussweiden blühen.
Der Witwer hat nur Augen
für deren Tiefe.

                    rascheln gefallner blätter –
                 den weg, beschrieben, finden

                                        augen ruhen
                                 auf den sternen –
                              wo ist das dritte?

                          Heike Gewi

Blätter fallen –
meine Haiku
in der Übersetzung

karminroter tropfen –
gläser von tusche
füllen sich

Pause.
Auch der Lehrer bekommt Geschmack
am Schnee.

Heike Gewi

schönschreiben –
das gedicht endet
mit buntstiftblümchen

Hanami, d e r film –
mein popcorn
unberührt

Narkose
am andern Ufer
Krebsfänger

Heike Gewi

Tagesmond
in Laos
ein schlafender Buddha

Leichenschauhaus –
über Einstichen in der Brust
das goldene Herz

der wind dreht sich
zum seniorenheim
wird sie geschoben

Heike Gewi

die schnecke quält sich
durch den mond
herbstpfützen

wogendes meer
den ganzen, langen tag
stumm

Wiesenzauber. Aufbruch,
doch unsere Eindrücke
bleiben im Gras.

Heike Gewi

Ins Blaue
zieht es mich – die Schatten
können warten

Diebstahl.
Den ganzen Weg lächelt sie,
die falsche Mona Lisa.

Teelicht
zwischen Rosen entspannt
Earl Grey

Heike Gewi

der Nutzen voller Schüsseln
...
Leere fühlen

Zwinkert der Witwer?
Gen Süden
ziehen Gänse

mein mittag
beschattet
von jungen blättern

Heike Gewi

Aufgeregte Hühner.
Der Mutter erklären
von wem das Kind ist.

Heike Gewi

schlafenszeit
die tigerkatze trennt
die beiden

tuschfleck
ein ginkoblatt fällt
vom tisch

roter sturm
der herbstwind fegt durchs
klofenster

Walter Mathois

Krabbenwettlauf
über dem feuchten Sand –
Möwenfestmahl

quickie
im partykeller quitschen
mäuse

die tageszeitung
von gestern – geviertelt dient
sie dem stoffwechsel

Walter Mathois

die weiße ratte
krabbelt auf ihrer schulter –:
ein buntes tattoo?

„frei …" steht auf dem
zerknüllten flyer stoppt ein
wasserwerfer

zwei taubenfedern
ihre tatzen tupfen auf
das weiche knäuel

Walter Mathois

abendrot im fluss
baden gläubige –
asche weht umher

          sein lächeln
     am teppanyakigrill
          zittert fisch

                    ferne
     zwischen den menschen
                    stille

Walter Mathois

striptease – ganz
langsam den lila hasen
ausziehen

die katzen jagen
übers feld – einen hasen
ins backrohr schieben

er lächelt
aus einem schneehaufen –
der gartenzwerg

Walter Mathois

klare perlen
hängen an den blüten
schnuppert ein kind

schlüpfer richten
und ein blick in den spiegel
vier männer tanzen

„blödmann …" ruft der
papagei im zooladen
steht ein tierarzt

Walter Mathois

Äquatortaufe
braungebranntes würstchen im
bikini mit senf

abends
durchs blättertor ins dorf
fahren

baggern – sein
schnuller liegt auf
der schaufel

Walter Mathois

kleiner tonfrosch –
blähst dich auf im brennofen
nur noch scherben

schwarz-weißes flattern
vor dem auge – die jahre
oder … ein falter?

nasen, ohren, mund
ein granitstein zwischen
dem bärlauch

Walter Mathois

die wegwarte
an der ortstafel
ich verreise

brombeeren –
ihr trägerkleid hängt in
den dornen

krähen-
füße an den augen ... ich
mag sie

Walter Mathois

herbst
vor mir liegt ein schneckenhaus
leer

vorsichtig
landet die fliege und schließt
den paragraphen

hortensien –
ihre farben wandern
durch die tage

Walter Mathois

Regentag –
und alle spielen
Angy Birds

Heike Gewi

Nachwort

Die Entstehung der Kettendichtung

Die Wurzeln der japanischen Kettendichtung liegen in der Heian-Periode, 794 – 1185, (*heian* = Frieden, Stille) und man findet im *waka*, dem lyrischen Gedicht mit der festen fünfzeiligen Form aus 5-7-5-7-7 *moren**, seinen Vorgänger. *Waka* gilt als Sammelbegriff für mehrere Stilrichtungen, von denen sich das *tanka* als einziges bis in die heutige Zeit hinein etablieren konnte.

Waka-Dichtung war eine japanische Dichtung, die inhaltlich im Gegensatz zur *kanshi*-Dichtung (aus China kommend) stand, und die sich erst allmählich die langjährige Tradition des *kanshi* bzw. dessen Themen wie „Natur, Einsamkeit und Rückzug aus der Gesellschaft" zu eigen machte.

Hofdamen wie Murasaki Shikibu (ca. 978 – ca. 1016) und Sei Shonagon (ca. 966 – ca. 1025) waren damals maßgeblich an der zeitgenössischen Literatur beteiligt. Beispielsweise ist von Murasaki Shikibu bekannt, dass sie einst aufgefordert wurde, die zwei fehlenden Zeilen zu einem tanka beizusteuern – so entstand das erste *renga* (Kettengedicht): ein *tan-renga* (*tan* = kurz, *renga* = Kettengedicht). In dieser Zeit begann sich das *renga* mehr und mehr in der höfischen Gesellschaft Japans zu etablieren und war dort als poetisches Spiel sehr beliebt.

So blieb es nicht beim zweistrophigen *tan-renga*, schon bald wurden längere Kettendichtungen entwickelt, die bis zu 1000 Verse (ein *senku*) beinhalten konnten, allgemein üblich war aber eher eine Länge von 100 Versen (ein *hyakuin*).

Vom renga zum renku

Samurai und Kaufleute, die genügend Zeit und Geld hatten sich den literarischen Künsten zuzuwenden, widmeten sich intensiv dieser neuen Dichtung. Im Laufe der Jahre änderte sich das Niveau der Kettendichtung ins Humorvolle und Derbe, Vulgäre und wurde erst von Matsuo Bashô (1644 – 1694) sozusagen aufgefangen und wieder angehoben. Er entschied, dass die Verse durch Stimmungen und durch das Verändern von Figuren und Szenerien geprägt sein sollten und dass auch die alltäglichen Dinge des Lebens in einem gehobenen Stil zu erzählen waren.

Es entstand das *kasen*, das mit seinen 36 Strophen die bekannteste *renku*-Form wurde. Beim Verfassen einer solchen Dichtung mit dem Anspruch auf Eleganz der Bashô-Schule benötigten die Teilnehmer viel Disziplin, Erfahrungen und Kenntnisse. Angestrebte Tugenden wie Achtsamkeit, Bescheidenheit, Höflichkeit haben dazu beigetragen, dass jeder sich mit seinen eigenen Versen nicht zu sehr in den Vordergrund rückte, nicht schon zu Anfang der Dichtung Begriffe nutzte und besetzte, die für andere nachfolgende Themen besser und eher geeignet waren, dass der „höfliche" Abstand zwischen den Versen gleichmäßig und harmonisch blieb und man sich so inhaltlich nicht an die Verse der beiden letzten Vordichter anlehnte. Matsuo Bashô sprach dem Eröffnungsvers (*hokku*) eine herausragende Bedeutung zu: er sollte von besonderer Qualität sein und wurde dem Ehrengast einer *renku*-Sitzung zugesprochen. Es wurden sogar *hokku*-Wettbewerbe ausgeschrieben und schon nach kurzer Zeit etablierte es sich über die Kettendichtung hinaus als eigenes Genre in der Lyrik, jedoch erst

Masaoka Shiki (1867 – 1902) führte die heute bekannte Bezeichnung *Haiku* dafür ein.

Ein *renku* ist für das westliche Verständnis von Lyrik gewöhnungsbedürftig. Es erzählt weder eine Geschichte noch gibt es ein übergeordnetes Thema. Es beinhaltet keine Schlussfolgerung, keine „Moral von der Geschicht". Es ist vielmehr ein wohlgeordnet zusammengesetztes Bild aus gelungenen Schnappschüssen, das die Vielfalt des Lebens widerspiegelt. Die hohe Variabilität an Skizzen, Aktionen, Stimmungen und Gefühlen erzeugt eine eigene Melodie, die beim Lesen mitschwingt. Motive kommen und gehen. Beginnend mit dem Rhythmus der ersten Strophe, greift der nachfolgende Vers einen Begriff, einen Sinn auf und formt daraus seinen eigenen Gehalt, entwickelt ein neues Bild.

Diese Wechsel werden durch eine Anzahl von Richtlinien geregelt und lassen so den Fluss des Lebens vielgestaltig Revue passieren: Jahreszeiten fließen, der Mond scheint oder bleibt verdeckt, Blumen erblühen und fallen, Landschaften und Orte ändern sich und von einem Moment zum anderen treten Mensch und Tier auf, um gleich darauf wieder die Bühne zu verlassen. Katastrophen, Liebe und Alltägliches finden ebenso ihre Plätze wie die Vergangenheit, Zukunft und Träume. Nichts bleibt, die einzige Konstante ist Bewegung und Veränderung.

Ein renku entsteht

Ein gut schematisiertes *renku* ist dreigeteilt: der Prolog (*jo*) umfasst die ersten vier oder sechs Verse (je nach Länge des gesamten *renku*). Man nennt es auch das „Gesicht" des *renku*, da es beim Niederschreiben auf der ersten Seite erscheint. Dann folgt die Entwicklung (*ha*), die einen großen Raum in der Mitte des Werkes einnimmt – die Hauptseite(n). Der Epilog (*kyû*) stellt noch einmal die gleiche Anzahl an Versen wie das Vorwort und bildet den Abschluss auf der Rückseite. Die Etablierung des *renku*, auch weit über die Landesgrenzen Japans hinaus, ging mit neuen Formen einher – kürzere Kettendichtungen entstanden, die es den Teilnehmern ermöglichte innerhalb eines Tages ein *renku* zu vollenden:

   kocho – 24 Strophen

   triparshva – 22 Strophen

nijûin – 20 Strophen

han-kasen – 18 Strophen

imachi – 18 Strophen (keine *jo-ha-kyû-*
Aufteilung)

shishi – 16 Strophen

jûsanbutsu – 13 Strophen

jûnichô – 12 Strophen

shisan – 12 Strophen (keine *jo-ha-kyû-*
Aufteilung)

Bei weniger als 12 Strophen kann *jo-ha-kyû*
nicht weiter aufrecht erhalten werden, es ent-
stehen Kettendichtungen ohne diese formale
Aufteilung:

yotsumono – 4 Strophen

mitsumono – 3 Strophen

tan-renga – 2 Strophen

Das Erstellen eines *renku* mit mehreren Teil-
nehmern gleicht einem zwanglosen Zusam-
menkommen, einer gemeinsamen Feier
(Higginson, 2000/2005**). Der Prolog ist wie
ein erstes Kennenlernen, man tauscht Höflich-
keiten aus. Die Themen sind daher leicht und
ruhig. Im Hauptteil lockert sich die Stimmung,
Unterhaltungen werden angeregter und unge-
zwungener – ein munterer Reigen von Wort-
fetzen, die alle Themenbereiche ansprechen,
entsteht: Liebe, Religion, Katastrophen, Ge-
walt, Tod, Erfolge, Angst und Glück. All das

findet hier seinen Platz. Der Epilog ähnelt dem Abschied nehmen. Gespräche werden dezent beendet, man wünscht sich gutes Heimkommen. Es überwiegt Ausgewogenheit und positive Stimmung.

Die Regeln

Der Startvers (*hokku*) wird vom nachfolgenden Vers (*wakiku*) unterstützt bzw. weitergeführt. Das *wakiku* greift das Thema des *hokku* auf und vertieft sein Bild – vervollständigt es sozusagen. Oder es erweitert den Startvers durch das Dazustellen eines weiteren Bildes – ein spannungsvolles Gefüge zweier Skizzen entsteht, typisch für ein *tan-renga* wie im folgenden Beispiel (Seite 135) sehr gut veranschaulicht:

Wasserpfeifen –

Ringe lösen sich

von ihrem Gespräch

seine knorrigen Hände

glätten den Teppich

--wm/hg

Hier stellt der zweite Vers zum Bild eines Gespräches, aus dem sich einzelne Ideen lösen, knorrige Hände, die einen Teppich glätten – Symbol für die Nachdenklichkeit und Bedächtigkeit des Alters. Es wird so eine zusätzliche Ebene und Tiefe erahnbar.

Die dritte Strophe (*daisan*) leitet in einem Kettengedicht den ersten Wechsel ein und die wichtige Regel „Anschluss und Verschiedenartigkeit" (*link* und *shift*) findet zum ersten Mal ihre Anwendung (Bsp. Seite 52):

hokku
    "Julklapp, Julklapp!"
    Zum Abspecken für den Vers
    ist es zu spät.   -- hg

wakiku
    Tannenbäume –
    Fenstersturz und Lachen   --wm

daisan
    Jede volle Stunde
    erscheinen die Apostel ...
    Prager Zeitgeist   --hg

Während das *wakiku* hier die weihnachtliche Szene des *hokku* weiter ausbaut, greift das *daisan* das Religiöse (Anschluss) auf und skizziert damit ein neues Bild (Verschiedenartigkeit), die Prager Rathausuhr. Das Verlinken bezieht sich somit auf die Verbindung zwischen zwei aufeinanderfolgenden Strophen, wobei man hier im Allgemeinen drei Kategorien unterscheiden kann:

1. Objekt-Linking

Hier besteht eine Verbindung zwischen Objekten, Personen, Tätigkeiten, Ort oder Zeit. Auf „sprechen" kann zum Beispiel im nachstehenden Vers „singen" folgen, auf „Hund" „Katze" oder auf „Mittag" „Nacht".

2. Verlinkung durch die Bedeutung der Wörter

Dabei geht es um Anspielungen oder auch Mehrdeutigkeiten – beispielsweise "Lachen": Pfütze und menschliche Lautäußerung.

3. Verlinkung von Stimmungen und Gefühlen

Hier wird die Stimmung oder Erfahrung des Vorverses aufgenommen.

Diese Regel „Anschluss und Verschiedenartigkeit" bestimmt ab *daisan/wakiku* von nun an maßgeblich das Komponieren aller weiteren Strophen. Die Bilder wechseln ständig, inhaltliche Übereinstimmungen mit den beiden Vorversen müssen vermieden werden, ebenso wie Wortwiederholungen während des gesamten *renku*. Ein vorgegebenes festes Schema hilft, wichtige essentielle Inhalte eines *renku* (die Jahreszeiten, Mond, Blüte, Liebe, Verschiedenes) gleichmäßig zu verteilen:

Liebe (Seite 34) :
Dreiecksgeschichte –
Sie spielt mit der Fernbedienung   --hg

Winter/Mond (Seite 34) :
Das Buchenholz knackt
Eissterne bedecken
die Mondsichel   --wm

Zusätzlich gilt es, die verschiedensten Themenkreise anzusprechen, wie sie in den nachfolgenden Versen sehr schön zu erkennen sind:

Wetterphänomene (Seite 67) :
föhn schmilzt die arme
gleiten vom besenstil   --wm

Tierarten (Seite 70) :
Still, Amsel!
Der Tag war lang genug.   --hg

Pflanzenarten (Seite 69) :
Seidelbast blüht.
Bin – rastend unterwegs.   --hg

Landschaften (Seite 70) :
Gebirgsgrat – Ruderschläge
zerstören das Bild   --hg

menschliche Bereiche (Seite 72) :
höllenlärm und weißer rauch;
opas moped steht   --wm

Feiertage (Seite 55) :
Christi Himmelfahrt –
beschwipste Väter wässern
Tulpenbeete   --wm

Tageszeiten (Seite 30) :
morgenhauch – selbst am bärlauch
neue blätter   --wm

gute / schöne Dinge (Seite 34) :
Fünfzig Kerzen nähern sich
Wunschlos glücklich   --hg

schlechte Dinge / Trauer etc. (Seite 69) :
Totenstein ...
dein leeres
Kissen   --hg

Letztendlich ist entscheidend, dass in einem
renku das Gleichgewicht von Anschluss und
Verschiedenartigkeit eingehalten wird. Die
Verlinkung ist die Seele des *renku*, während
das Voranschreiten /die Verschiedenartigkeit
die Struktur des Lebens widerspiegelt.

Die besondere Kettendichtung – das Rengay

Auf Grund der Länge eines *renku* suchte der Amerikaner Garry Gay (seit 1991 Präsident der „Haiku Society of America") nach Alternativformen und konzipierte eine an Themen orientierte Kettendichtung, bestehend aus sechs Strophen, die in der Regel von zwei oder drei AutorenInnen geschrieben werden - das *Rengay*. Der Begriff *Rengay* setzt sich aus der Silbe *ren* (von *renga/renku, ren* > verbunden) und dem Nachnamen (Garry) *Gay* zusammen. Trotz der namentlichen Ähnlichkeit handelt es sich bei *renga/renku* und *Rengay* um zwei völlig verschiedene Formen.

Das *renga/renku* ist geprägt vom Anskizzieren eines Jahreslaufes. Seine Lebhaftigkeit und Fülle zieht es aus dem breiten Spektrum der Themen und dem Spiel zwischen den DichterInnen.

Demgegenüber stellte Garry Gay das *Rengay*, dessen Tiefe und Intensität durch das Verweilen in einen Moment entsteht. Zu Beginn der Sitzung wird ein Thema festgelegt. Themenbeschränkungen gibt es keine. Die Überlegung, ob eine lineare Folge eingehalten wird, Anschlüsse und Sprünge zwischen den Strophen vorgesehen sind, oder aber die

Prinzipien „link" und „shift" als bewährte Methode genutzt werden, sollte vorab von den AutorInnen geklärt werden. Es muss also nicht zwingend am vorherigen Vers angeknüpft werden. Grundsätzlich ist auch eine Mehrfachverwendung von bedeutungstragenden Wörtern möglich. Wichtig hingegen ist, nicht zu weit vom vorgegebenen Thema abzuschweifen – das *Rengay* verliert dadurch an Kraft und droht zu zerfallen, das heißt, die Verknüpfungen zwischen den Strophen bleiben zu vage. Die Schwierigkeit liegt in der Balance der Verse zueinander. Der Austausch untereinander und die Akzeptanz der AutorInnen sind wichtig, gleichwohl aber auch die Perspektiven jedes Einzelnen, die im Ergebnis den Esprit des Gedichtes ausmachen können. Letzteres wird außerdem durch die Haiku-Qualität der Verse innerhalb des *Rengay* erreicht. Hier sind die Fähigkeiten der AutorInnen zum suggestiven Schreiben gefordert.

Claudia Brefeld, Bochum im November 2012

* Jede Mora (Mehrzahl Moren) wird in Kana (= jap. Schriftzeichen) durch jeweils ein Zeichen wiedergegeben und gilt in der Poesie als rhythmische Einheit. Sie ist nicht gleichzusetzen mit der Silbe.

* Higginson, William J. (2000/2005):
http://www.2hweb.net/haikai/renku/intro.html

Danksagung

Abschließend danken wir, die Autoren, ganz herzlich Frau Petra Sela für Ihr Vorwort und hilfreiches Korrekturlesen, sowie für die orientierenden „Worte danach" im essayhaft-historischen Abriss von Frau Claudia Brefeld, die uns selbstlos mit fachspezifischen Hinweisen (*mentoring* seit 2008) bei fast allen Kettengedichten begleitet hat. Beide Damen haben dem Buch maßgeblich zur vorliegenden Form* verholfen.

Aber was ist ein Buch ohne seine Leser? Wir bedanken uns bei jedem einzelnen von Euch – Ihr, die Ihr ein Stück Eurer Lebenszeit unserem Werk widmet.

Die Autoren

*Die Kleinschreibung im Text, so vorhanden, ist beabsichtigt. Lediglich bei Eigennamen wurde darauf verzichtet. Eigennamen: Personen, Brauchtümer/Bräuche, Nationalitäten, Ländernamen etc.

www.tredition.de

Über tredition

Der tredition Verlag wurde 2006 in Hamburg gegründet. Seitdem hat tredition Hunderte von Büchern veröffentlicht. Autoren können in wenigen leichten Schritten print-Books, e-Books und audio-Books publizieren. Der Verlag hat das Ziel, die beste und fairste Veröffentlichungsmöglichkeit für Autoren zu bieten.

tredition wurde mit der Erkenntnis gegründet, dass nur etwa jedes 200. bei Verlagen eingereichte Manuskript veröffentlicht wird. Dabei hat jedes Buch seinen Markt, also seine Leser. tredition sorgt dafür, dass für jedes Buch die Leserschaft auch erreicht wird

Autoren können das einzigartige Literatur-Netzwerk von tredition nutzen. Hier bieten zahlreiche Literatur-Partner (das sind Lektoren, Übersetzer, Hörbuchsprecher und Illustratoren) ihre Dienstleistung an, um Manuskripte zu verbessern oder die Vielfalt zu erhöhen. Autoren vereinbaren unabhängig von tredition mit Literatur-Partnern die Konditionen ihrer Zusammenarbeit und können gemeinsam am Erfolg des Buches partizipieren.

Das gesamte Verlagsprogramm von tredition ist bei allen stationären Buchhandlungen und Online-Buchhändlern wie z. B. Amazon erhältlich. e-Books stehen bei den führenden Online-Portalen (z. B. iBookstore von Apple) zum Verkauf.

Seit 2009 bietet tredition sein Verlagskonzept auch als sogenanntes "White-Label" an. Das bedeutet, dass andere Personen oder Institutionen risikofrei und unkompliziert selbst zum Herausgeber von Büchern und Buchreihen unter eigener Marke werden können.

Mittlerweile zählen zahlreiche renommierte Unternehmen, Zeitschriften-, Zeitungs- und Buchverlage, Universitäten, Forschungseinrichtungen, Unternehmensberatungen zu den Kunden von tredition. Unter www.tredition-corporate.de bietet tredition vielfältige weitere Verlagsleistungen speziell für Geschäftskunden an.

tredition wurde mit mehreren Innovationspreisen ausgezeichnet, u. a. Webfuture Award und Innovationspreis der Buch-Digitale.

tredition ist Mitglied im Börsenverein des Deutschen Buchhandels.

FSC
www.fsc.org

MIX

Papier | Fördert
gute Waldnutzung

FSC® C083411

Zeitfracht Medien GmbH
Ferdinand-Jühlke-Straße 7
99095 Erfurt, Deutschland
produktsicherheit@kolibri360.de